le Tennis
à travers
les Ages

Guillaume

PARIS

Librairie Ch. Delagrave

15 Rue Soufflot.

LE TENNIS

A TRAVERS LES AGES

PAR

ALBERT GUILLAUME

COULOMMIERS. — IMPRIMERIE P. BRODARD ET GALLOIS.

Le Tennis aux temps mythologiques.

Son origine.

Le Tennis aux temps homériques.
Nausicaa. (Homère, chant VI.)

Le Tennis chez les Anciens.

Socrate, Platon, Criton, etc., sur l'Agora.

Le Tennis institué dans les écoles par Charlemagne.

(Alcuin, chap. XXI, 240.)

Le Tennis sous Henri III.

Le Tennis au Grand Siècle.

Salle du Jeu de Paume.

Le Tennis importé en Russie par Pierre-le-Grand.

Le Tennis sous l'Empire.

Murat et l'Impératrice à La Malmaison.

TENNIS CONTEMPORAINS. — Le Tennis des enfants.

Le Tennis pour rire.

Le Tennis pour de bon.

Le Tennis à la pose.

Le Tennis correct.

Le Tennis des parvenus.

Le Tennis hygiénique.

Le Tennis matrimonial.